문학과지성 시인선 64

지리산의 봄

고정희 시집

문학과지성사에서 펴낸 고정희의 시집

이 시대의 아벨(1983)

문학과지성 시인선 64
지리산의 봄

초판 1쇄 발행 1987년 10월 5일
초판 6쇄 발행 1993년 8월 20일
재판 1쇄 발행 1994년 9월 30일
재판 14쇄 발행 2025년 9월 26일

지 은 이 고정희
펴 낸 이 이광호
펴 낸 곳 ㈜문학과지성사
등록번호 제1993-000098호
주   소 04034 서울 마포구 잔다리로7길 18(서교동 377-20)
전   화 02)338-7224
팩   스 02)323-4180(편집) 02)338-7221(영업)
전자우편 moonji@moonji.com
홈페이지 www.moonji.com

ⓒ 고정희, 1994. Printed in Seoul, Korea

ISBN 89-320-0323-8 02810

이 책의 판권은 지은이와 ㈜문학과지성사에 있습니다.
양측의 서면 동의 없는 무단 전재 및 복제를 금합니다.

문학과지성 시인선 64

지리산의 봄

고정희

1994

自 序

 흘릴 눈물이 있다는 것은 참 고마운 일이다. 시도 때도 없이 두 눈을 타고 내려와 내 완악한 마음을 다숩게 저미는 눈물, 세상에 남아 있는 것들과 세상 밖으로 사라지는 모습을 보게 하는 눈물, 언제부턴가 눈물은 내 시편들의 밥이 되어버렸고, 나는 그 눈물과 마주하여 지금 아득한 시간 앞에 서 있다.
 불혹의 나이라는 마흔의 고개를 바라보면서 나는 내 인생에서 중요한 의미를 띤 소중한 사람들을 한꺼번에 여의었다. 돌연한 어머님의 타계가 그렇고 스승의 죽음이 그렇고 문단 선배의 죽음이 그렇다. 또 어느 때보다도 많은 젊은이들이 가혹하게 민주주의 제단에 바쳐졌다. 나른한 어둠이 나를 덮치려 하고 있다. 멈추지 않고 가는 것이 살아 남은 자들의 미래인데도……

1987년 가을

高　靜　熙

지리산의 봄

차 례

▨ 自 序

I

땅의 사람들 1──서 시/11
땅의 사람들 2──침묵 속에서/12
땅의 사람들 3──팔레스티나의 영가/14
땅의 사람들 4──쿼바디스 도미네/16
땅의 사람들 5──떠도는 자유에게/18
땅의 사람들 6──봄비/20
땅의 사람들 7──호산나, 주의 이름으로 오시는 이여/21
땅의 사람들 8──어머니, 나의 어머니/23
땅의 사람들 9──사랑/24
땅의 사람들 10──젊은 날의 꿈/25
땅의 사람들 11──흔들리는 터전/26
땅의 사람들 12──그대 봉분 위에 민주깃발 꽂으니/28
땅의 사람들 13──강물이여, 사람의 강이여/31
땅의 사람들 14──남도행/33
땅의 사람들 15──장공 김재준/34

II

지리산의 봄 1──뱀사골에서 쓴 편지/37
지리산의 봄 2──반야봉 부근에서의 일박/39
지리산의 봄 3──연하천 가는 길/41

지리산의 봄 4——세석고원을 넘으며/43
지리산의 봄 5——백제와 신라의 옛장터목에서/45
지리산의 봄 6——천왕봉 연가/47
지리산의 봄 7——온누리 봄을 위해 부르는 노래/49
지리산의 봄 8——백무동 하산길/51
지리산의 봄 9——물소리, 바람 소리/52
지리산의 봄 10——달궁 가는 길/55

Ⅲ

천둥벌거숭이 노래 1/59
천둥벌거숭이 노래 2/61
천둥벌거숭이 노래 3/63
천둥벌거숭이 노래 4/64
천둥벌거숭이 노래 5/66
천둥벌거숭이 노래 6/67
천둥벌거숭이 노래 7/68
천둥벌거숭이 노래 8/70
천둥벌거숭이 노래 9/72
천둥벌거숭이 노래 10/73

Ⅳ

즈믄 가람 걸린 달하——여성사 연구 1/77
반지뽑기부인회 취지문——여성사 연구 2/79
남자현의 무명지——여성사 연구 3/81
매맞는 하느님——여성사 연구 4/83
우리 동네 구자명씨——여성사 연구 5/85

위기의 여자——여성사 연구 6/87
자유와 해방에 대한 구속영장——이천만 여성의 저항의 횃불
 권인숙에게/89
우리 봇물을 트자/93
우리 깊고 아득한 강을 이루자/95
그대 흘러 큰 강물 이루리니/98
새로운 터전을 지키는 우리의 성처녀들이여/100

Ⅴ
강 물——편지 1/105
不 在——편지 2/106
이 별——편지 3/107
소 외——편지 4/108
빛——편지 5/109
고 백——편지 6/110
오늘 같은 날——편지 7/111
가을을 보내며——편지 8/112
너를 내 가슴에 품고 있으면——편지 9/113
네가 그리우면 나는 울었다——편지 10/115
내 슬픔 저러하다 이름했습니다——편지 11/117
겨울 노래——편지 12/119

Ⅵ
부 음/123
수의를 입히며/125
하 관/127

비 문/129
유채꽃밭을 지나며/130
탈 상/132
집/134

▨ 해설 · 갈망하는 자의 슬픔과 기쁨 · 성민엽/135

I

땅의 사람들 1
―― 서 시

겨울 숲에는 눈이 내리고 있다
도시에서 지금 돌아온 사람들은
폭설주의보가 매달린 겨울 숲에서
모닥불을 지펴놓고
대륙에서 불어오는 차가움을 녹이며
조금씩 뼛속으로 파고드는 추위를 견디며
자기 몫의 봄소식에 못질을 하고 있다
물푸레나무 숲을 흔드는
이 지상의 추위에 못질을 하고 있다
가까이 오라, 죽음이여
동구 밖에 당도하는 새벽 기차를 위하여
힘이 끝난 폐차처럼 누워 있는 아득한 철길 위에
새로운 각목으로 누워야 하리
거친 바람 속에서 밤이 깊었고
겨울 숲에는 눈이 내리고 있다
모닥불이 어둠을 둥글게 자른 뒤
원으로 깍지낀 사람들의 등뒤에서
무수한 설화가
살아 남은 자의 슬픔으로 서걱거린다

땅의 사람들 2
―― 침묵 속에서

눈보라를 헤치고 오시다니요
마을은 모두 잠잠했습니까
백기는 내려져 있었습니까
저녁 연기 무사히 오를 것 같습니까
좀더 모닥불 가까이 오세요
몸을 녹여야 멀리 갈 수 있지요
새벽 차가 오기는 오는 걸까요
모두들 기다리는 사람들뿐인걸요
나는 태백산맥 쪽으로 가는 길입니다
남쪽에선 동백꽃이 붉게 피었다지요
어서 눈보라가 그쳐야 할 텐데
어젯밤엔 전화선마저 뚝 끊겼어요
마지막 수신음이 무엇인지 아십니까
폭풍우 치는 밤에 섬에서 들어본
하 하느님의 비명 소리였어요
무인도의 하늘을 가르는 그 비명 소리
허공을 위패삼아 떠돌고 있으니
民자 돌림으로 시작되는 말이나
自자 돌림으로 시작되는 말들이
흑, 흐흑, 흑흑……

침묵의 관 속으로 들어갔어요
民자 돌림으로 시작되는 강이나
自자 돌림으로 시작되는 마을들이
으윽, 으흑, 으악……
저승의 궁전으로 들어갔어요
거 불빛들은 신호등일 뿐이지요
일단 자유를 멈추는 신호등,
기다리는 차는 오지 않을 거랍니다
어서 눈보라가 그쳐야 할 텐데
해역을 지나는 소형 선박들은
살아서 돌아오지 못한답니다
가다가 못 가면 백설이 되더라도
어서 고향에 돌아가야지요
이게 땅에 사는 사람들 내력 아닙니까

땅의 사람들 3
──팔레스티나의 영가

하늘문이 열렸는데 다 어디 갔는가

동구 밖 허공을 찌르는 호곡 소리

하늘문 열었는데 다 어디 갔는가

기고만장한 엄동설한 속에서

뽕나무 숲을 후리던 바람이여

어머니와 아버지의 옷을 벗기고

형제들의 알몸을 매질하던 채찍이여

거미줄만 무성한 폐옥의 마당에서

서쪽을 향하여 때아닌 올리브꽃이 시들고

우리들의 지적인 밥사발을 마주하여

늙은이가 젊은이의 시체를 매장하는

이 거대한 해골 골짜기에

하늘문 열었는데 다 어디 갔는가

땅의 사람들 4
──쿼바디스 도미네

서해 갯벌에 내려앉는 노을이
겨울 야산들을 포근하게 덮으면
허허벌판에 내리는 눈발처럼
나는 네게 날아가는 꿈을 꾸지만
자나깨나 그리운 너와 산천솔기 흘러가는 노래도 부르지만
아 무거워라
나의 등에 거꾸로 매달린 사람이여
등골을 짓누르는 암흑의 그림자여
겨울 야산들이 잠드는 언덕에서
가볍게 가기 위해 나는
짐을 내려놓고 또 내려놨건만
내려놓을 수 없는 사랑의 청춘
끝내 살 속에 무덤을 만들고
뼛속에 만리장성 돌무지 쌓으니
나는 네게 한 발짝도 다가갈 수 없구나
숙명의 자투리에 나는 갇혀 있구나
하늘에 별떨기 검푸른 밤에도
나의 머리맡에는 저주의 낱말들이 웅성거리고
상복을 입으신 하느님의 신음 소리

새벽 유리창을 덜컹덜컹 흔드시니
사십 년 유랑하던 갈대밭 광야에, 오늘은
강 하나 제 갈길로 흘러갈 뿐이다
아 보고 싶어라
꿈에도 그리는 그대 살고 있는 땅
나는 예서 한 발짝도 다가갈 수 없구나

땅의 사람들 5
―― 떠도는 자유에게

한시에는 신새벽 건너오는 바람이더니

세시에는 적막을 뒤흔드는 대숲이더니

다섯시에는 만년설봉 타오르는 햇님이더니

일곱시에는 강물 위에 어리는 들판이더니

아홉시에는 길따라 손잡는 마을이더니

열한시에는 첫눈 내린 날의 석탄불이더니

열세시에는 더운 눈물 따라붓는 술잔이더니

열다섯시에는 기다림 끌고 가는 썰물이더니

열일곱시에는 깃발 끝에 걸리는 노을이더니

열아홉시에는 어둠 속에 떠오르는 둥근 달빛이더니

스물한시에는 불바다로 달려오는 만경창파이더니

스물세시에는 빛으로 누빈 솜옷이더니

스물다섯시에는 따뜻하고 따뜻하고 따뜻한 먼 나라에서

아름다운 사람 하나 잠들고 있다

땅의 사람들 6
―― 봄 비

가슴 밑으로 흘려보낸 눈물이
하늘에서 떨어지는 모습은 이뻐라
순하고 따스한 황토 벌판에
봄비 내리는 모습은 이뻐라
언 강물 풀리는 소리를 내며
버드나무 가지에 물안개를 만들고
보리밭 잎사귀에 입맞춤하면서
산천초목 호명하는 봄비는 이뻐라
거친 마음 적시는 봄비는 이뻐라
실개천 부풀리는 봄비는 이뻐라

오 그리운 이여
저 비 그치고 보름달 떠오르면
우리들 가슴속의 수문을 열자
봄비 찰랑대는 수문을 쏴 열고
꿈꾸는 들판으로 달려나가자
들에서 얼싸안고 아득히 흘러가자
그때 우리에게 무엇이 필요하리
다만 둥그런 수평선 위에서
일월성신 숨결 같은 빛으로 떠오르자

땅의 사람들 7
─── 호산나, 주의 이름으로 오시는 이여

늦어서, 느져서 죄송합니다
안경알을 반짝이며 그가 들어섰을 때
서울시 주민등록증을 가진 그에게서
나는 딱 호랑이 냄새를 맡았다
죽은 것과 썩은 것
먹지 않는 호랑이
단식의 고통으로 빛을 뿜는 호랑이,

눈을 휘둥그레 떠보니
그는 기산지절 별건곤 암호랑이였다
호랑이의 새끼를 밴 호랑이였다
온갖 오염 눈부신 서울에서
왼갖 잡새 지저귀는 반도에서
공해 없는 털가죽과 흰
발톱이라니,
붕새의 웅비라니……
맹물 두 잔에 마른번개가 쳤다
정·전·이·라·며
물잔 옆에 촛불이 너풀거렸다
학교로 다시 들어가야 합니다

들어오던 문으로 그가 다시 나갈 때
여느 때와 다름없이 그는
온순한 사람들의 등을 보였다
그가 앉았다 일어선 자리에서
오월의 초저녁 바람이 불었다
나는 심장에 플러그를 꽂았다

땅의 사람들 8
―― 어머니, 나의 어머니

내가 내 자신에게 고개를 들 수 없을 때
나직이 불러본다 어머니
짓무른 외로움 돌아누우며
새벽에 불러본다 어머니
더운 피 서늘하게 거르시는 어머니
달빛보다 무심한 어머니

내가 내 자신을 다스릴 수 없을 때
북쪽 창문 열고 불러본다 어머니
동트는 아침마다 불러본다 어머니
아카시아 꽃잎 같은 어머니
이승의 마지막 깃발인 어머니
종말처럼 개벽처럼 손잡는 어머니

천지에 가득 달빛 흔들릴 때
황토 벌판 향해 불러본다 어머니
이 세계의 불행을 덮치시는 어머니
만고 만건곤 강물인 어머니
오 하느님을 낳으신 어머니

땅의 사람들 9
——사 랑

월정사 부처님처럼
마음을 비우고 잠드는 밤에
마음 저켠 벌판에서 비가 내렸습니다
여리게 혹은 강하게 비가 내렸습니다
눈물보다 투명한 그 빗방울들은
삽시간에 하늘의 절반을 적시고
오대산 구상나무 숲을 적시고
우수수 우수수수수
부처님 발목 밑에 내려와
잠들지 못하는 새벽 풀잎 옆에
오랑캐꽃으로 피었습니다
은방울꽃으로 피었습니다
초롱꽃으로 피었습니다
바늘꽃, 두루미꽃으로 피었습니다
사랑꽃, 이슬꽃으로 피었습니다
아……
신록으로 꽉찬 오월 언덕에서
햇빛 묻은 미루나무 몇 그루
아름다운 이별처럼 손 흔들고 있었습니다

땅의 사람들 10
──젊은 날의 꿈

어두운 날들이 흘러가고 있습니다
조금 마신 후에 바라보는 산
아주 가까우면서도 먼 산 하나
그 산에 나는 아직 오르지 못했습니다
길다면 긴 서른아홉 해 동안 나는
산으로 가는 길을 죄다 더듬었지만
미지로 열린 그 오솔길들은
원으로 원으로 원으로
떠났던 문에 닿아 있을 뿐,
운무 자욱한 어여쁜 산봉우리
저무는 강둑에 고요히 서 있습니다
하늘이 스스로 빛깔을 바꾸고
황혼의 옷자락이 지평선을 덮습니다
이윽고 막막궁산,
막막궁산 속으로 달빛 들어가니
텅 빈 길 위에 어리는 사람이여
썼다가 지우고 지웠다가 다시 쓰는
더는 부치지 못할 편지를 위하여
간담이 서늘한 쑤꾹새 울음
광망한 정적으로 가슴을 칩니다

땅의 사람들 11
──흔들리는 터전

튼튼하게 튼튼하게 빌딩을 세웠지만
빌딩 너머 사계절에 먹구름 어지럽네
단호하게 단호하게 빗장을 질렀지만
빗장 틈 사이로 바람이 불어오네
환하게 환하게 불야성을 이뤘지만
불빛 허공중에 죽음의 재가 날아드네

어디선가 조금씩 금가는 소리 들리네
쩍쩍 금가는 소리 들리네
오늘에서 내일로 내일에서 모레에로
쩍, 쩍 금가는 소리 들리네
어디선가 조금씩 삐걱이는 소리 들리네
벽과 벽 틈 사이에서
천장과 천장 사이에서, 서까래와 용마루 사이에서
조상들이 걸어간 나무 계단에서
아침저녁 오가는 하늘 난간에서
조금씩 많이씩 삐걱이는 소리 들리네

흔들리네
너와 내가 쌓아올린 담벼락이 흔들리네

흔들리네
한 식구 모여앉은 밥사발이 흔들리네
흔들리네
한 나라가 받쳐든 대리석 궁전이 흔들리네
흔들리네
태백산맥이 흔들리고 통일조국이 흔들리고
흔들리네
수미산이 흔들리고 만리장성이 흔들리고
흔들리네
수복장수가 흔들리고 극락왕생이 흔들리고
미래가 흔들리고 희망이 흔들리고
비폭력이 흔들리고 평화가 흔들리고
사랑이 흔들리고 신념이 흔들리고
기다림이 흔들리고 이심전심이 흔들리고
우주천체 받치는 자존심이 흔들리네
울밀하구나, 저주여
만발하구나, 독가스여
재갈 물린 유령들만 무덤 위에서
이슬처럼 또르르또르르 구르네

땅의 사람들 12
―― 그대 봉분 위에 민주깃발 꽂으니

이 땅의 어머니가 그대 영정 앞에
비비추꽃 두 송이 올려놓고
한 발씩 밟으며 가거라 이른다
이 땅의 누이들이 그대 명정 앞에
들망초 한아름 꺾어놓고
두 팔로 흔들며 떠나거라 이른다
이 땅의 형제들이 그대 가시는 길에
눈물꽃 한 벌판 깔아놓고
온몸으로 입맞추며 떠나거라 이른다

이 땅의 오천만 겨레 이름으로
그대 봉분 위에 민주깃발 꽂으니
당연하여라 당연하여라
이 나라 산하의 크고 작은 산봉이들,
그대 떠나보내며 흐느끼는 산봉이들
푸른 능선 아득히 민주깃발 펄럭이니
장엄하여라
사십 년 피 흘리던 억압의 사슬에
해방의 불기둥 고요히 번지니
식민의 혼돈과 암흑을 가르는 저 불꽃,

심장과 심장을 들이대는 저 불꽃 앞에서
아니다
아무도 네 시체 위에 궁전을 지을 수는 없으며
아무도 네 봉분 깔고 앉아
면죄부를 나눠 가질 수는 없으리
즈믄 가람 스치는 소소한 바람에도
가던 길 옷깃을 여며야 하리
천갈래 만갈래 썩은 물고랑들을
눈물로 피땀으로 걸러야 하리
정의로 우거진 백양로 숲길 돌아
그리운 광주 품에 안기는 그대여
망월리 혼백들과 용솟는 분화구여

이 땅의 어린이가 그대 영전에
민들레 꽃씨 휘휘 뿌려놓고
산꽃 들꽃으로 돌아오라 이른다
이 땅의 젊은이가 그대 영전에
동트는 새벽빛 가닥가닥 걸어놓고
자유의 바람으로 돌아오라 이른다
이 땅의 형제자매들이 그대 영전에

민중해방 징소리 우르르 풀어놓고
통일조국 함성으로 돌아오라 이른다

땅의 사람들 13
──강물이여, 사람의 강이여

베수건 쓴 여자들이
검은 깃발을 흔들며 저 성문으로 들어간다
베옷으로 몸을 가린 남자들이
검은 깃발을 흔들며 저 성문으로 들어간다
분노에 몸을 떠는 어머니들이
검은 깃발을 흔들며 저 성문으로 들어간다
노여움에 이를 가는 아버지들이
검은 깃발을 흔들며 저 성문으로 들어간다
학생들이, 노동자들이, 노인들이, 청년들이, 처녀들이
검은 깃발을 흔들며 저 성문으로 들어간다
하나에서 비롯된 백만의 함성 따라
백만에서 이어지는 사천만의 함성 따라
광주 사람들이 저 성문으로 들어간다
청주 사람들이 저 성문으로 들어간다
원주 사람들이 저 성문으로 들어간다
수원 사람들이 저 성문으로 들어간다
마산 사람들이 저 성문으로 들어간다
부산 사람들이 저 성문으로 들어간다
군산 사람들이 저 성문으로 들어간다
서귀포 사람들이 저 성문으로 들어간다

사십삼 년 만의 노도를 이끌고, 사십삼 년 만의 상여소릴 이끌고
　음탕한 모리배로 가득한 저 성으로 들어간다
　팔십이 년 동안 굳건한 식민의 철대문을 향하여, 오 지축을 흔드는 강물이여, 사람의 강물이여
　돌들도 일어나 옥문을 열어제치고
　나무들도 일어나 한쪽으로 한쪽으로 길을 내는 대낮
　엄숙하여라, 사람의 소리
　어여뻐라, 사람의 발바닥
　독재의 아성을 허물며
　침묵의 오욕을 뿌리뽑으며
　드디어 백만 민주강물 이루는 소리
　해방의 뱃길 트러 간다
　드디어 사천만 자유강물 이루는 행진
　민족자주 뱃길 트러 간다
　드디어 삼천리 만 가람 흔드는 함성
　통일의 새벽빛 트러 간다

땅의 사람들 14
—— 남도행

칠월 백중날 고향집 떠올리며
그리운 해남으로 달려가는 길
어머니 무덤 아래 노을 보러 가는 길
태풍 셀마 앨릭스 버넌 윈이 지난 길
홍수가 휩쓸고 수마가 할퀸 길
삼천리 땅 끝, 적막한 물보라
남쪽으로 남쪽으로 마음을 주다가
문득 두 손 모아 절하고 싶어라
호남평야 지나며 절하고 싶어라
벼포기 싱싱하게 흔들리는 거
논밭에 엎드린 아버지 힘줄 같아서
망초꽃 망연하게 피어 있는 거
고향 산천 서성이는 어머니 잔정 같아서
무등산 담백하게 솟아 있는 거
재두루미 겅중겅중 걸어가는 거
백양나무 눈부시게 반짝이는 거
오늘은 예삿일 같지 않아서
그림 같은 산과 들에 절하고 싶어라
무릎 꿇고 남도땅에 입맞추고 싶어라

땅의 사람들 15
—— 장공 김재준

 학자라면 으레 가난하디가난한 시절이 있었습니다 뜻 하나, 머리 하나로는 공부하기 수월찮던 시절이 있었습니다 그런 시절에 태어나 그런 시절을 살아온 장공 김재준은 따뜻하기로, 결곡하기로, 사랑스럽기로 짝없는 사람이었는데, 그의 살아 생전 덕담 하나를 짝없는 실수로 수유리 오솔길에 떨어뜨렸습니다

 어느 가난한 목사의 첫아들이 불치의 병상에 눕게 되었습니다 죽는 날을 가만히 앉아서 기다릴 수 없는 게 사람의 일인지라 생사를 가름하는 수술을 받던 날, 죽어가는 아이에게, 우유배달 해서 공부하는 신학생의 피가 하루 낮 생명을 연장하는 데 보태졌습니다

 수술이 끝난 후 아이는 죽었고 사람들은 제자리로 돌아갔습니다 이 일이 목에 걸린 장공 김재준은 주말마다 꼬박꼬박 그 고학생을 불러내어 청진동 해장국집 골목을 전전하며 몸보신시키는 데 꼭 삼 년을 바쳤습니다

 그 신학생은 장성하여 이제 교수가 되었고 '창조의 모습대로 인간 회복'이라는 장공이 남긴 붓글씨 속에서 뜨겁던 피를 수혈하고 있습니다.

II

지리산의 봄 1
—— 뱀사골에서 쓴 편지

남원에서 섬진강 허리를 지나며
갈대밭에 엎드린 남서풍 너머로
번뜩이며 일어서는 빛을 보았습니다
그 빛 한 자락이 따라와
나의 갈비뼈 사이에 흐르는
축축한 외로움을 들추고
산목련 한 송이 터뜨려놓습니다
온몸을 싸고도는 이 서늘한 향기,
뱀사골 산정에 푸르게 걸린 뒤
오월의 찬란한 햇빛이
슬픈 깃털을 일으켜세우며
신록 사이로 길게 내려와
그대에게 가는 길을 열어줍니다
아득한 능선에 서계시는 그대여
우르르우르르 우레 소리로 골짜기를 넘어가는 그대여
앞서가는 그대 따라 협곡을 오르면
삼십 년 벗지 못한 끈끈한 어둠이
거대한 여울에 파랗게 씻겨내리고
육천 매듭 풀려나간 모세혈관에서
철철 샘물이 흐르고

더웁게 달궈진 살과 뼈 사이
확 만개한 오랑캐꽃 웃음 소리
아름다운 그대 되어 산을 넘어갑니다
구름처럼 바람처럼
승천합니다

지리산의 봄 2
—— 반야봉 부근에서의 일박

지리산 반야봉에 달 떴다

푸른 보름달 떴다

서천 서역국까지

달빛 가득하니

술잔 속에 따라붓는 그리움도 뜨고

지나온 길에 누운 슬픔도 뜨고

내 가슴속에 든

망망대해 눈물도 뜨고

체념한 사람들의 몸 속에 흐르는

무서운 시장기도 뜨고

창공에 오천만 혼불 떴다

산이슬 털고 일어서는 바람이여

어디로 가는가

그 한 가닥은 하동포구로 내려가고

그 한 가닥은 광주로 내려가고

그 한 가닥은 수원으로 내려가는 바람이여

때는 오월, 너 가는 곳마다

무성한 신록들 크게 울겠구나

뿌리 없는 것들 다 쓰러지겠구나

지리산의 봄 3
―― 연하천 가는 길

형님,
진나라의 충신 개자추가 있었다지요
일평생 연좌서명이나 하고 상소문만 올리다가
끝내는 역적으로 몰리고 말았다지요
모름지기 따스한 밥을 거부하고
등을 보이며,
다만 외로운 등을 보이며
갈대아우르를 떠나는 아브라함처럼
여벌 신발이나 전대도 없이
천둥벌거숭이 되어 떠났다지요
떠나서 돌아오지 않았다지요
산나물 뜯어먹고
마파람 소리로 펄럭이던 사람,
어용으로 타오르는 산불에 바베큐가 될망정
고향에 돌아올 수 없었던 사람,
그가 마지막 숨을 거둔 날에는
중국 대륙 백성들도 찬밥을 먹고
진달래꽃처럼 울었다지요
진달래꽃으로 산을 덮었다지요
형님,

이상도 하여이다
진나라 개자추가 뜯어먹던 산나물이
연하천 가는 길에 가득 돋았습니다
곰취나물 개취나물 떡취나물 참취나물
파랗게 새파랗게 숲길을 덮고
그가 달빛 밟으며 뿌린 피눈물
가도가도 끝없는 진달래꽃으로 피었습니다
이 어찌 무심하게 지나칠 수 있으리요
잠시 능선에 발길을 멈추고
분홍숲길 이루는 꽃잎 쓰다듬자니
다시는 고향에 올 수 없는 사람들
한뎃잠 설치며 웃는 소리 들리고요
지 한몸 던져 불이 된 사람들
이산저산에서 봇물 되어 구릅니다

지리산의 봄 4
—— 세석고원을 넘으며

아름다워라
세석고원 구릉에 파도치는 철쭉꽃
선혈이 반짝이듯 흘러가는
분홍강물 어지러워라
이마에 흐르는 땀을 씻고
발 아래 산맥들을 굽어보노라면
역사는 어디로 흘러가는가,
산머리에 어리는 기다림이 푸르러
천벌처럼 적막한 고사목 숲에서
무진벌 들바람이 목메어 울고 있다
나는 다시 구불거리고 힘겨운 길을 따라
저 능선을 넘어가야 한다
고요하게 엎드린 죽음의 산맥들을
온몸으로 밟으며 넘어가야 한다
이 세상으로부터 칼을 품고, 그러나
서천을 물들이는 그리움으로
저 절망의 능선들을 넘어가야 한다
막막한 생애를 넘어
용솟는 사랑을 넘어
아무도 들어가지 못하는 저 빙산에

쩍쩍 금가는 소리 들으며
자운영꽃 가득한 고향의 들판에 당도해야 한다
눈물겨워라
세석고원 구릉에 파도치는 철쭉꽃
선혈이 반짝이듯 흘러가는
분홍강물 어지러워라

지리산의 봄 5
—— 백제와 신라의 옛장터목에서

황산벌에서 불어오는 바람이
측백나무의 어린 가지를 키우는 기슭에서
신라의 삼천군마가 뛰어놀았다지오니까
풀벌레 울음 소리 자욱한 수풀에
찔레꽃 향기 부서지는 날
등에 화살통을 멘 신라의 군졸들이
말갈기를 휘날리면서
무진벌 하늘에 시위를 당겼다지오니까
벌들은 저마다 주어진 길을 돌고
접시꽃 같은 백제 처녀들의 가슴에
나당연합군의 장칼이 꽂혔다지오니까
밤꽃 비린내 골짜기를 타고 흘러
이 마을 저 마을에 토악질 소리
입덧하는 여자처럼 오월이 흘러갔다지오니까
몸푸는 여자처럼 유월이 오고 말았다지오니까
논두렁 밭두렁에 개구리 울음 소리
입다문 백성들의 장송곡이 되었다지오니까
이름없는 송장들은 수장 암장 합장 평쳤다지오니까
 청산에 솔바람 들바람 강바람 소리로 살어리랏다지오
니까

풀잎처럼 눕는 백성 되었다지오니까

지리산의 봄 6
──천왕봉 연가

산길을 뒤쫓던 계곡물 소리가
기나긴 능선에서 돌아서 가버린 뒤
이 깊고 적막한 영산의 골짜기에는
하루 이틀 사흘 나흘……
청학동 높새바람 능선을 넘어와
백년 묵은 슬픔들을 구름으로 날립니다
천왕봉을 베개삼아 야숙하는 새벽에는
놀라운 일이지요
나의 두개골 사이에서 붉은 해가 솟아오르고
가슴에 들여앉힌 밀림 사이로
청산의 운무가 넘나들었습니다
해동천 기운이 발원하는 곳,
지리산 상상봉에 두 발을 얹으니
자 축 인 묘 진 사 오 미 신 유 술 해
천 가지 바람이 이곳에서 일어나고
만 가지 사람 뜻이 이곳에서 흐른지라

서러운 산하에 뼈를 묻은 사람들,
동쪽사람 하늘이 동녘 능선 따라 흘러갑니다
남쪽사람 하늘이 남녘 능선 따라 흘러갑니다

서쪽사람 하늘이 서녘 능선 따라 흘러갑니다
북쪽사람 하늘이 북녘 능선 따라 흘러갑니다
정선아리랑이나 진도아리랑 고개 아아
조선인의 하늘이 남누리 북누리 흘러갑니다
산길을 앞지르던 골짜기 어둠이
크고 작은 능선에서 사그라져버린 뒤
이 깊고 적막한 영산의 골짜기에는
한달 두달 석달 넉달……
청학동 징소리 능선을 넘어와
천년 묵은 악몽들을 꽃잎으로 날립니다

지리산의 봄 7
——온누리 봄을 위해 부르는 노래

   남녘 태백산맥에서 발원하는 봄기운과
   북녘 백두산맥에서 뻗어내린 봄기운이
   내려오다 올라가다 얼싸안는 곳에서
   어여쁘구나 지리산이여
   대명천지 어머니들 일어나
   장엄한 젖줄을 쓸쓸한 땅에 물리니

  그 한 줄기는 소백산맥으로 받아내고 그 한 줄기는 노령산맥으로 받아내고 그 한 줄기는 백악산맥으로 받아내고 그 한 줄기는 차령산맥으로 받아내고 그 한 줄기는 광주산맥으로 받아내는 곳에서
   눈부시구나 지리산이여
   별건곤 어머니들 일어나
   둥글디둥근 수평선을 이루며
   수려한 치마폭을 황량한 땅에 덮으니

  호남평야 일으키러 영산강 달려가고 김제평야 일으키러 낙동강 달려가고 경기평야 일으키러 임진강 달려가고 김해평야 일으키러 섬진강 달려가고 내포평야 일으키러 금강 달려가고 나주평야 일으키러 보성강 달려가는 곳에서

영원하구나 지리산이여
시방세계 울창한 어머니들 일어나
봄기운 휘몰아 산천초목 흔드니

그 바람 압록과 청천에 이르고 그 바람 대동과 두만에 이르고 그 바람 금강 일만이천 봉에 이르고 그 바람 묘향산과 구월산에 이르고 그 바람 북만주 땅 요동벌에 이르고 그 바람 북방을 휩쓰는 곳에서
우뚝우뚝하구나 지리산이여

지리산의 봄 8
──백무동 하산길

숲으로 구만리 하늘을 가리고
통곡의 폭포에서 물맞는 여자
오호라 지리산 너로구나
수만 가닥 길들이 고향으로 가건만
살아서 들어가지 못할 나라 아득히 굽어보며
떠도는 산바람에 그리움 사무치는
오호라 지리산 너로구나
무심히 황혼 속을 내려가는 사람들
허기진 가슴팍 무섭게 떠미는
오호라 지리산 너로구나 너로구나
욱욱청청 우거진 역사의 산준령
무량수불 말씀도 와르르 쏟아내며
죽음의 핏방울을 수맥으로 바꾸는
너로구나 지리산 너로구나
사람아, 사람아
버린 것들 속에 이미 버림받음이 있다
천리로 방송하고 만리까지 가소사
내 등짝 떼밀며 만 골짜기 우뚝 선
지리산, 지리산 너로구나

지리산의 봄 9
―― 물소리, 바람 소리

가이없구나, 이 끝 모를 숲쩡이에서
물소리 바람 소리 가리마 지르며
――김주열 열사여……
참죽나무 숲이 운다
――전태일 열사여……
조팝나무 숲이 운다
――김상진 열사여……
물비나무 숲이 운다
――김태훈 열사여……
박달나무 숲이 운다
――황정하 열사여……
쥐엄나무 숲이 운다
――한희철 열사여……
윈뿔나무 숲이 운다
――박관현 열사여……
비술나무 숲이 운다
――김경숙 열사여……
가시나무 숲이 운다
――김세진 열사여……
개암나무 숲이 운다

──이재호 열사여……
쥐똥나무 숲이 운다
──이동수 열사여……
꽝꽝나무 숲이 운다
──김종태 열사여……
작살나무 숲이 운다
──장의기 열사여……
화살나무 숲이 운다
──송광영 열사여……
이팝나무 숲이 운다
──박영진 열사여……
생달나무 숲이 운다
──박종만 열사여……
층층나무 숲이 운다
──이동수 열사여……
굴참나무 숲이 운다
──광주 이천 열사여……
사시나무 숲이 운다
──박종철 열사여……
느릅나무 숲이 운다

――이한열 열사여……
야광나무 숲이 운다
열사여, 열사여, 열사여……
고욤나무 숲이 운다
홰나무 아그배나무 숲이 운다
박태기나무 순비기나무 숲이 운다
염주나무 보리수나무 통나무 숲이 운다
숲이란 숲이 모두 따라 운다
이 비 내리는 한반도에서(!)

지리산의 봄 10
───달궁 가는 길

황홀한 붕괴가 시작되는 가을 지리산에서
절룩이며 절룩이며 산길을 오르다가
코르자코프와 그의 고아들을 생각했습니다
히틀러와 같은 해에 태어나
생명의 어머니 하느님을 만난 뒤
거짓말을 발음해보지 않았다는 코르자코프,
그가 일렬종대로 아이들을 이끌고
아우슈비츠로 향하던 모습을 생각했습니다
조금만 더 가면, 아들아
하느님의 축제에 들어가게 된단다
어둠이 오기 전에 별궁에 든단다
최후의 운명 같은 거짓말에 이끌리어
죽음의 숲길로 접어들던 고아들,
행복원 고아들을 생각했습니다
성락원 고아들을 생각했습니다
평화원 빨갱이 고아들을 생각했습니다
용바위 지나서 영웅바위 지나서
탐관바위 지나서 오리바위 지나서
큰손바위 지나서 도피바위 지나서
하마바위 지나서 번들바위 지나서

벼락바위 지나서 오적바위 지나서
장군바위 지나서 송장바위 지나서
피바위 지나서 눈물바위 지나서
神의 제단에 옷을 벗고
천당으로 천당으로 올라가는
달궁 마을 고아들을 생각했습니다
       어히
     어희 어희
어이 어이 어히
  어이 어이
우리들 등짝에 무섭게 엉겨붙는
어린 예수 비명을 생각했습니다

III

천둥벌거숭이 노래 1

지도에도 없는 숲길을 갑니다

태양이 호수에서 금발을 흔들고

이름 모를 산새들이

등성이를 넘어갑니다

바흐의 악보를 오솔길에 깔았더니

무반주 첼로의 서늘한 그림자가

지구의 머리칼에 고요히 걸립니다

내가 당도할 문은 아직 멀었습니다

숲에 별 뜨고

바람 부는 밤

모든 언어에 빗장을 지른 뒤

찔레꽃 향기가 심장을 가릅니다

어둠뿐인 하늘에 당신을 그립니다

오늘밤은 이것으로 따뜻합니다

천둥벌거숭이 노래 2

새벽 달빛에 덮인

아득한 꿈 하나 일으켜세우고

어두운 강줄기 흐르는 곳에

삼십 년 지기인 바람의 끈을 풀어

평화주의자처럼,

갈잎 돛단배를 띄웠습니다

우주가 주저앉는 저 물굽이

먼 곳에 가라앉는 그대 음성,

그대 음성 속에는 늘

들망초 꽃벌판 희게 흔들리고

그대 음성 속에는 늘

미루나무 숲이 울고 음악이 부서지고

그대 음성 속에는 늘

폭풍우 치던 밤의 어머니 달려와

갈잎 돛단배 위에 실은 내 생애

어여 가, 어여 가

손 흔들어줍니다

천둥벌거숭이 노래 3

남쪽으로 내려가는 고속도로 가변에

흰색과 보라색으로 핀 도라지 꽃밭,

구라파에서 온 예수가

쭈그리고 앉아

조간신문에 똥을 누고 있다

신문은 똥으로 구원받으리

악령이 질주하는 올림픽도로에는

일용할 죽음이

안전벨트를 매고 앉아

양담배를 피우며

미래로, 세계로 조포를 울린다

천둥벌거숭이 노래 4

사람은 누구나 마음속에

지렛대 하나는 가지고 있는 법이다

운명의 바위를 젖히고

시간의 암초를 뒤엎어

새벽길 징검다리 볼가내는

지렛대,

사람은 누구나 혈관 속에

묵시의 강 하나 돌고 있는 법이다

거꾸로 북받치는 분노의 불을 삭이고

어둡게 뛰는 피 맑게 걸러내어

천체의 광명을 발산하는 초음파의

강, 가앙

천둥벌거숭이 노래 5

여의도 한강물에 너 떠나간다

눈부신 너 떠나간다

하느님도 모르시는 이 매혹의 이별

내 청춘에 내리꽂는 칼,

전대미문의 길이 뒤따라가고

전대미문의 슬픔이 반짝이며 뒤따라가고

해오라기 황망히 날아가는 날

울대까지 스며드는 빙산을 위하여

열두 대의 첼로가 운다

천둥벌거숭이 노래 6

한 곳으로 한 곳으로 달려가던 끈

탁 트인 하늘에 겁 없이 놔주고

흐르는 바람결에 아쉬움도 놔주고

자유가 서러워 서러워 울었지요

풀잎 뜯어 날리며 울었지요

내 쪽으로 부는 바람 있으리라 믿으면서

네 쪽으로 가는 길 있으리라 믿으면서

귀뚜라미 우는 쪽에

사랑을 묻었지요

천둥벌거숭이 노래 7

하느님이 눈물의 밸브를 푸셨나

이상하도다

우리 가을 이상하도다

너는 너의 동굴 속에서 우는 소리 들리고

아버지는 아버지의 동굴 속에서 우는 소리 들리고

할머니는 할머니의 동굴 속에서 우는 소리 들리고

서울은 서울의 동굴 속에서 우는 소리 들리고

우리 가을 이상하도다

한강에 범람하는 저 큰 울음 소리

하느님이 역사의 축대를 뽑으셨나

파키스탄 사람들은 파키스탄에서

아르헨티나 사람들은 아르헨티나에서

바르샤바 사람들은 바르샤바에서

터키와 리비아와 팔레스타인에서

자유를 매장하는 피의 축제

아세아를 수놓는 재앙의 만국기

천둥벌거숭이 노래 8

우리가 태어난 피 묻은 탯줄이

삼팔선으로 걸린 뒤부터였나

우리는 백지를 믿지 않는다

우리는 양심을 믿지 않는다

우리는 부활을 믿지 않는다

어둠의 나라

술취한 독거미의 무도회 뒤에서

누군가 떨리는 손으로 내미는

유백색 백지 위에

과격하게 내려앉는 레드 콤플렉스

음산한 지하무덤의 공포

연금당한 어머니는 어디 계신가

제 이름 석 자마저

바로 쓸 수가 없다

천둥벌거숭이 노래 9

동서남북에서

하느님 우시는구나

허리 휘어지는 빚잔치

기둥뿌리 무너지는 꽃잔치

만조백성 허수아비 잔치에

입 없는 하느님 우시는구나

적막강산 줄줄 우시는구나

추풍낙엽 뒷세우고

태풍 애비 오시는 날

천둥벌거숭이 노래 10

그 한번의 따뜻한 감촉

단 한 번의 묵묵한 이별이

몇 번의 겨울을 버티게 했습니다

사람과 사람 사이에 벽이 허물어지고

활짝활짝 문 열리던 밤의 모닥불 옆에서

마음과 마음을 헤집고

푸르게 범람하던 치자꽃 향기,

소백산 한쪽을 들어올린 포옹,

혈관 속을 서서히 운행하던 별,

그 한번의 그윽한 기쁨

단 한 번의 이윽한 진실이

내 일평생을 버티게 할지도 모릅니다

IV

즈믄 가람 걸린 달하
―― 여성사 연구 1

절간을 지으러, 정자를 지으러,
나라님 연희마당 누각을 지으러
충렬왕조 남정네들 노역에 나간 뒤
모화관 조공이며 식솔들 풀칠이란
고려여자 살가죽 벗기는 짐이라지만
목숨 부지하기까진 여자도 사람인지라
석 달째 노역에 동원된 남편이
이웃동기 밥동냥에 의지하고 있다 하여
소첩 백방으로 길을 찾다가
겨우 한끼 밥잔치 마련하여 갔더이다
놀란 남편은 대뜸 윽박질렀지요
가세가 빈한하여 도리없는 노릇인즉
뉘에 몸을 팔았는가 혹여 도둑질인가
꿈엔들 여보, 막말은 하지 마오
가난도 절통한데 누구와 눈맞추며
천성에 없는 흑심 도둑질이 웬말이오
하나 남은 머리채를 잘라 팔았소이다
이 말에 올라가던 수저를 내려놓고
목메어 등돌리던 이웃동기들이시여
밤이 이슥토록 강둑을 걸을 때는

들 건너 창호지 불빛 아래 포효하는
다듬이 소리로 울부짖었나이다
홍두깨 소리로 울부짖었나이다
날 잡숴 날 잡숴
길쌈하는 여자들 뒤통수 내리치는
잉아 소리, 베틀 소리로 부르짖었나이다
즈믄 가람 걸린 달하
서방정토 관음보살님전 뵈옵거든
시방세계 가위눌린 여자 생애
천지개벽 원왕생 아뢰주오

반지뽑기부인회* 취지문
―― 여성사 연구 2

대저 하늘 아래 사람은 남녀가 일반이라
우리는 조선의 여자로 태어나
학문과 나라일에 종사치 못하고
다만 방직과 가사에 골몰하여
사람의 의무를 알지 못하옵더니
근자에 들리는 소문에 의하면
국채 일천삼백만 원에 나라의 흥망이 달려 있다 하오니
대범 이천만 중 여자가 일천만이요
여자 일천만 중 반지 있는 이가 오백만이라
반지 한 쌍에 이 원씩 셈하여
부인 수중에 일천만 원 들어 있다 할 것이외다
기우는 나라의 빚을 갚고 보면
풍전등화 같은 국권회복 물론이요
여권의 재앙 말끔히 거둬내고
우리 여자의 힘 세상에 전파하여
남녀동등권을 찾을 것이니
대한의 여성들이여,
반만년 기다려온 이 자유의 행진에
삼종지덕의 가락지 벗어던져

새로운 세상의 징검다리 괴시라

* 국채보상운동의 발원지이자 최초의 여성 참여지였던 대구 지방「탈환회 취지서」원문을 전용한 것임. 대한매일신보, 1907년 4월 22일자 잡보 참조.

남자현*의 무명지
——여성사 연구 3

구한말의 여자가 다 이리 잠들었을진대
동포여, 무엇이 그리 바쁘뇨
황망한 발길을 잠시 멈추시고
만주벌에 떠도는 남자현의 혼백 앞에
자유세상 밝히는 분향을 올리시라
그때 그대는 보게 되리라
'대한여자독립원'이라 쓴
아낙의 혈서와 무명지를 보게 되리라

경북 안동 출신 남자현,
열아홉에 유생 김영주와 혼인하여
밥짓고 빨래하고 유복자나 키우다가
딱 깨친 바 있어
안동땅에 자자한
효부 열녀 쇠사슬에 찬물을 끼얹고
여필종부 오랏줄을 싹둑 끊으니
서로군정 독립단 일원이 되니라
북만주벌 열두 곳에 해방의 터를 닦아
여성 개화 신천지 씨앗을 뿌리며
국경선 안과 밖을 십여 성상 누비다가

난공불락, 왜세의 도마 위에
섬섬옥수 열 손가락 얹어놓고 하는 말
천지신명 듣거든 사람세상 발원이요
탄압의 말뚝에 국적 따로 있으리까
조선여자 무명지 단칼에 내리치니
피로 받아 쓴 대한여자독립원
아직도 떠도는 아낙의 무명지

* 남자현(1872~1933) : 여성 독립운동가. 의병나간 남편이 죽자 3·1 운동에 가담하여 활약하다가 1925년 만주로 망명, 서로군정 독립단으로 활약하던 중 1932년 국제연맹군사단이 하얼빈에 왔을 때 왼손 무명지를 끊어 '조선독립원'이라 혈서를 쓰고 끊어진 손가락 마디를 함께 싸서 보냈다.
  1933년 이규동(李圭東) 외 여러 동지들과 함께 만주건국일인 3월 1일 일본군 다카후치를 암살하기 위해 폭탄과 무기를 휴대하고 가다가 왜경에 체포되어 투옥당했다. 단식 항쟁중 옥중에서 병을 얻어 그해 별세했다.

매맞는 하느님
──여성사 연구 4

깡마른 여자가 처마 밑에서
술취한 사내에게 매를 맞고 있다
머리채를 끌리고 옷을 찢기면서
회오리바람처럼 나동그라지면서
음모의 진구렁에 붙박여
증오의 최루탄을 갈비뼈에 맞고 있다
속수무책의 달빛과 마주하여
짐승처럼 노예처럼 곤봉을 맞고 있다

여자 속에 든 어머니가 매를 맞는다
여자 속에 든 아버지가 매를 맞는다
여자 속에 든 형제자매지간이 매를 맞고 쓰러진다
여자 속에 든 할머니가 매맞고 쓰러지고 피를 흘린다
여자 속에 든 하느님이 매맞고 쓰러지고 피를 흘리며
비수를 꽂는다
여자 속에 든 한 나라의 뿌리가
매맞고 피 흘리고 비수를 꽂으며 윽 하고 죽는다

깊은 밤 사내는 폭력의 이불 밑에 잠들고
세상도 따라 들어가 잠들고

오뉴월 한 서린 여자의 넋 속에서
분노의 바이러스가 꽃처럼 피어나
무지개 빛깔로
이 지상의 모든 평화를 잠그고 있다
아아 하늘의 씨를 말리고 있다

우리 동네 구자명씨
──여성사 연구 5

맞벌이부부 우리 동네 구자명씨
일곱 달 된 아기엄마 구자명씨는
출근버스에 오르기가 무섭게
아침 햇살 속에서 졸기 시작한다
경기도 안산에서 서울 여의도까지
경적 소리에도 아랑곳없이
옆으로 앞으로 꾸벅꾸벅 존다
차창 밖으론 사계절이 흐르고
진달래 피고 밤꽃 흐드러져도 꼭
부처님처럼 졸고 있는 구자명씨,
그래 저 십 분은
간밤 아기에게 젖 물린 시간이고
또 저 십 분은
간밤 시어머니 약시중 든 시간이고
그래그래 저 십 분은
새벽녘 만취해서 돌아온 남편을 위하여 버린 시간일 거야
고단한 하루의 시작과 끝에서
잠속에 흔들리는 팬지꽃 아픔
식탁에 놓인 안개꽃 멍에

그러나 부엌문이 여닫히는 지붕마다
여자가 받쳐든 한 식구의 안식이
아무도 모르게
죽음의 잠을 향하여
거부의 화살을 당기고 있다

위기의 여자
―― 여성사 연구 6

여자식으로 바둑판을 놨다가
남자식으로 수를 두는 날들이 있었다
여자식으로 씨를 뿌렸다가
남자식으로 추수하는 날들이 있었다
여자식으로 뿌리를 내렸다가
남자식으로 꽃피는 날들이 있었다
남자식으로 또 여자식으로
커다란 대문에는 빗장을 지르고
담장을 넘어가는 가지를 잘랐다
이 온전한 평화
이 온전한 행복
그러나 어느 날
여자식으로 사랑을 꿈꾸며
남자식으로 살아가는 날들이
우아한 중년의 식탁 위에
검고 무서운 예감을 엎질렀다
어둡고 불길한 예감 속에는
산발한 유령들이 만찬을 즐기고
사랑의 과일들이 무덤으로 누워
피 묻은 달을 하관하고 있었다

먼데서 어른대는 황혼의 그림자
적막 속에 흔들리는 지상의 척도……

왜, 왜 사느냐고 메아리치는 강변에
여자 홀로 바라보는 배가 뜨고 있었다

자유와 해방에 대한 구속영장
—— 이천만 여성의 저항의 횃불 권인숙에게

>   인간의 가슴은 아주 작고 초라하여 가슴에
> 가득찬 은을 내다버리지 않고서는 금을 받아
> 들일 수 없고 금을 버리지 않고서는 더 나은
> 것으로 가슴을 채울 수 없다——권인숙의
> 최후 진술에

거룩하구나, 자매여
처절한 어둠과 침묵을 등짝에 지고
이 땅의 이천만 여성들이
이 땅의 군부 독재 남성의 군화발에
짓밟히고 짓밟히고 짓밟히는 역사의 벼랑 끝에서
너 또한 이천만 여성의 이름으로
너 또한 일천만 노동자의 이름으로
사지에 억압의 포승을 받으며
잔혹한 고문으로 비명을 지를 때,
자유가 임종하는 세상의 끝
비수로 등을 찍는 모리배들 앞에서
유례없는 저 살인 정권의 암흑을 뚫고
한 시대의 진실로 솟구친 불길이여,
거짓과 기만을 벗기는 손이여,

사지를 포승줄에 묶을 수는 있어도
진실을 감옥 속에 가둘 수는 없다, 없다, 없다 외치며
솟았구나
이천만 여성의 깃발로 솟았구나
일천만 노동자의 함성으로 솟았구나
드디어 사천만 횃불로 솟았구나
사십 년 동안 위장된 자유
사십 년 동안 위장된 해방
여자의 몸 속에서 절절 끓는 분노가 되고
여자의 몸 속에서 시퍼런 칼날이 되어
오천 년 유구한 위선을 내리쳤구나
오천 년 찬란한 비겁을 내리쳤구나

장렬하구나, 자매여
눈부시구나 진실의 승리,
오 그러나 아직
우리의 싸움은 끝나지 않았다
우리는 깃발을 내리지 않았다
썩은 물 내리치는 네 칼날에 아직
억울한 혼백들의 피가 묻어 있고

어머니의 가슴에서 쇠못을 뽑아내는 우리의 손끝에 아직
전율하는 역사의 비명이 묻어 있다

수치와 오욕의 나날 속에서
옳은 것을 옳다, 하고
아닌 것을 아니다, 발음하는 씨앗이
삼천리 강토에서 싹이 나고 잎이 피고
하나로 줄기를 뻗어
정의의 숲이라 이름하는 그날까지,
예, 아니오, 의 힘으로
여자의 가슴에서 차별을 뽑아내고
남자의 가슴에서 빗장을 벗겨내어
해방의 땅이라 이름하는 그날까지,
아무도 행진을 멈춰서는 안 되리

가자, 자매여
저 죽음의 능선을 넘어가자
거짓된 자유에 수갑을 채우고
위장된 해방에 종말을 고하자

우리의 간절한 진실은 하나이니
여성 해방 만세,
그리운 민주 세상 만세,

우리 봇물을 트자
──여성 해방의 문학에 부쳐

치맛자락 휘날리며 휘날리며
우리 서로 봇물을 트자
옷고름과 옷고름을 이어주며
우리 봇물을 트자
할머니의 노동을 어루만지고
어머니의 보습을 씻어주던
차랑차랑한 봇물을 이제 트자
벙어리 삼 년 세월 봇물을 트자
귀머거리 삼 년 세월 봇물을 트자
눈먼 삼 년 세월 봇물을 트자
달빛 쏟아지는 봇물을 트자
할머니는 밥이 아니다
어머니는 떡이 아니다
여자는 남자에게 남자는 여자에게
한반도 덮고 남을 봇물을 터서
석삼년 말라터진 전답을 일으키자
일곱삼년 가뭄든 강산을 적시자

오랫동안 홀로 어둡던 벗이여
막막한 꿈길을 맴돌던 봇물,

스스로 넘치는 봇물을 터서
제멋대로 치솟은 장벽을 허물고
제멋대로 들어앉은 빙산을 넘어가자
오천 년 이 땅을 좀먹는 암벽,
억압의 암반에 굴착기를 내리고
사랑의 다이너마이트를 터뜨려
캄캄한 수맥에 커단 빛을 내리자
하나보다 더 좋은 백의 얼굴이어라
백보다 더 좋은 만의 얼굴이어라
형제여, 자매여,
마침내 우리 서로 자유의 물꼬를 열어
구구구구 구구구구
비둘기떼 날아와 하늘을 덮게 하자
끼룩끼룩 끼룩끼룩
갈매기떼 날아와 수평선을 덮게 하자

우리 깊고 아득한 강을 이루자
—— 천구백팔십육년 가을의 일기

우리 강을 이루자
길고 아득한 강을 이루자
북한산 하늘이 절하러 내려오고
첫 동트는 새벽이 이마를 담그는
맑고 큰 강을 이루자
저 빈 거리에서 홀로 깊어지는 강,
너나없이 눈을 씻고 귀를 씻기도 하는
초록빛 융융한 강을 이루자
해동의 슬픔이 깊은 강물 이루는 날
바람이 달려와 옥문을 열어제치리
돌들이 일어나 해방 노래 부르리
광화문통 사람들이여
퇴계로와 율곡로 사람들이여 오
수유리 사람들이여
우리 일어나 강물로 흐르자
굳게 닫아지른 빗장을 활짝활짝 열어제치고
순금 족쇄와 쇠사슬을 풀어버리고
더운 목숨 저 깊은 곳
다만 도도한 강물로 흐르자
서대문에서 남대문까지

남대문에서 동대문까지
동대문에서 북문로까지
최루탄과 총칼을 잠재우는 강,
마포진에서 강남진까지
강남진에서 강동진까지
강동진에서 강북진까지
온갖 쓰레기들 쓸어가는 강,
넓고 찬란한 강을 이루자
그 강물에 돛 올리는 일천의 거룻배
고향으로 달려가 자유 하늘 만나려나
그 강물에 띄우는 일만의 봉화불
서천서역국에서 민주 세상 비추려나
이 세상에서 가장 깊은 강물은
바로 어머니의 핏줄 속에 있는 것
이 세상에서 가장 큰 바람은
바로 우리 가슴속에 있는 것
사랑하는 사람이여
탄생에서 죽음까지 그리운 사람이여
우리 황홀한 강을 이루자
수억만리 타관까지 흐르고 흘러

다시 하나로 돌아오는 강,
오천만이 엎드려 혼을 씻기도 하는
대천세계 가이없는 강을 이루자
최초의 최대의 부활을 이루자

그대 흘러 큰 강물 이루리니
——개교 49년을 맞는 淑明에게

보아라 보아라 보아라
광대무변에 내리는 저 빛을 보아라
사월 아침의 푸른빛을 보아라
청파 달려가는 수평선을 보아라

누가 내일을 어둡다 하랴

겨우내 웅크렸던 젊음의 계곡에서
개나리 진달래 복사꽃 피어올라
지상의 어둠을 아름답게 아름답게 쓰러뜨리고
방황과 열망으로 외롭던 순결한 가슴마다
부활의 깃발들 드맑게 펄럭이니,
사월의 찬연한 햇빛들 맨발로 걸어나와
청춘의 뿌리 하나하나 흔들어 깨우니,

눈부셔라 눈부셔라 눈부셔라
마흔아홉 희망으로 용솟는 하늘이여
사백아홉 산맥으로 손잡는 믿음이여
사천사백 가락으로 흘러가는 음악이여
사만사천 들녘으로 떠나가는 자유여

누가 내일을 절망이라 말하랴

들리노니,
그대들 가슴속 작은 강물은 흘러
돌돌 좔좔 강물들 흘러
작은 강물은 큰 강물과 만나고
큰 강물은 다시 작은 강물 이끌며
유유히 유유히 산과 들 내려가니
자매여, 평화의 기상이여
노을처럼 타오르는 저 너른 강안에서
숙명의 탈을 벗고
좌절의 옷을 벗고
인형의 행복을 벗어던져
그리운 민주 세상 웅비하자
우리 사람 세상 웅비하고 웅비하자

누가 오늘을 혼자다 말하랴

새로운 터전을 지키는
우리의 성처녀들이여
———덕성여대 신축 이전에 부쳐

높고 울창한 계곡에서 떨어지는
수많은 폭포수들이
푸른 자유의 바다에 닿을 때까지는, 결코
멈추기를 거부하듯이
그 폭포수들 흐르고 흘러서
하나는 시내를 이루기도 하고
하나는 강물이 되기도 하고
하나는 산마을의 물레방아를 돌리며
세상의 더러움 다 씻어가듯이

그 폭포수들 흐르고 흘러서
더러는 미래의 삼림을 키우고
더러는 어여쁜 들꽃의 뿌리를 적시고
더러는 한 시대의 샘물이 되어
목마른 가슴에 콸콸 솟구치듯이

진리의 폭포수가 되고 싶은 처녀들이여
학문의 폭포수가 되고 싶은 처녀들이여
평화의 폭포수가 되고 싶은 처녀들이여
아니, 아니

사랑과 자유의 폭포수가 되고 싶은 처녀들이여
이 새로운 터전을 지키는
그대들의 발 아래
한반도의 오랜 소망 묻어두나니
잠을 물리면서 책장을 넘기고
안락을 물리면서 하늘을 동경하고
절망을 물리면서 진리를 신봉하는 그대들의 싱그러운 가슴에
헐벗은 백성의 마음도 포개두고 싶나니

그대들 배움의 꼭대기에 닿아
수만 필 폭포수로 쏟아져내리는 그날
한 가닥은 국토통일 뿌리에 닿게 하고
한 가닥은 자유민주 뿌리에 닿게 하고
한 가닥은 남녀평등 뿌리에 닿게 하고
한 가닥은 세계평화 뿌리에 닿게 하라
이 새로운 터전을 지키는
우리들의 처녀들이여

V

강 물
──편지 1

푸른 악기처럼 내 마음 울어도
너는 섬에서 돌아오지 않았다

암울한 침묵이 반짝이는 강변에서
바리새인들은 하루종일
정결법 논쟁으로 술잔을 비우고

너에게로 가는 막배를 놓쳐버린 나는
푸른 풀밭,
마지막 낙조에 눈부시게 빛나는
너의 이름과 비구상의 시간 위에
쓰라린 마음 각을 떠 널다가
두 눈 가득 고이는 눈물
떠나가는 강물에 섞어 보냈다

不 在
──편지 2

너의 이름 가만히 불러보는 날은
창 너머 서산마루 어디에선가
퉁소 소리 한 가닥 떠서 울고
너의 이름 애태우며 잠재우는 밤에는
나의 꿈속 어디에선가
일만의 장고 소리
일천의 징소리가 울었다

너의 이름 북서풍에 날려보내면
벼포기 우거진 들판 가득
어화넘차 어화넘차
상여 소리 떠가고
너의 이름 뱃고동에 실어보내고 나면
내 사지 핏줄 속에 떠도는 얼음 조각
두 대의 레코드 소리로 울었다

이 별
──편지 3

새벽 다섯시면
수유리 옹달샘 표주박 속에
드맑게 드맑게 넘치고 있는 사람
드맑게 넘치다가
아침 나그네 목 축여주고
머나먼 마을로 떠나고 있는 사람
머나먼 마을로 떠나다가
인천 만석동이나 온양에 이르러
한많은 사람들 발을 적시기도 하고
어린 물풀에 잠시 머뭇거리다가
말없이 거대한 들판을 가로질러
까마득한 포구로 떠나고 있는 사람

떠날 수 없는 것들 뒤에 두고
바람처럼 깃발처럼 떠나고 있는 사람
아흐, 떠나면서 떠나면서
사라지지 않는 사람

소 외
──편지 4

최후의 통첩처럼
은사시나무 숲에 천둥번개
꽂히니
천리 만리까지 비로
쏟아지는 너,
나는 외로움의 우산을
받쳐들었다

빛
──편지 5

너를 내 가슴에 들여앉히면
너는 나의 빛으로 와서
그 빛만큼 큰 그늘을 남긴다
그늘에 서 있는 사람
아벨이여
내가 빛과 사랑하는 동안
그늘을 지고 가는 아벨이여
나의 우울한 숙명,
단 하나 너마저 놔야 하느냐?

고 백
──편지 6

너에게로 가는
그리움의 전깃줄에
나는
감
전
되
었
다

오늘 같은 날
──편지 7

솔바람이 되고 싶은 날이 있지요
무한천공 허공에 홀로 떠서
허공의 빛깔로 비산비야 떠돌다가
협곡의 바위틈에 잠들기도 하고
들국 위의 햇살에 섞이기도 하고
낙락장송 그늘에서 휘파람을 불다가
시골 학교 운동회날, 만국기 흔드는 선들바람이거나
원귀들 호리는 거문고 가락이 되어
시월 향제 들판에 흘렀으면 하지요

장작불이 되고 싶은 날이 있지요
아득한 길목의 실개천이 되었다가
눈부신 슬픔의 강물도 되었다가
저승 같은 추위가 온 땅에 넘치는 날
얼음장 밑으로 흘러들어가
어둡고 외로운 당신 가슴에
한 삼백 년 꺼지잖을 불꽃으로 피었다가
사랑의 '사리'로 죽었으면 하지요

가을을 보내며
―― 편지 8

성전의 두 기둥처럼 붙박인 것이
어디 우리들 마음뿐이랴
가을산에 올라 들을 내려다보면
흐르는 모든 것은
어제 있던 그 자리에서 흐르고
작은 풀꽃 하나가
지구의 회전을 다스리기 위해서
하늘과 땅 사이 뿌리박고 섰나니

내가 그대 춤 속으로 날아가지 못하고
그대가 나의 근심 속으로 들어오지 못하는
우리들 뿌리의 참담한 정돈을 어찌 외롭다 말할 수 있
으랴
오솔길에 지는 것은 낙엽뿐,
뿌리 있는 것들은 뻗어 뿌리로 손잡으리니
우리가 한잔에서 목 축이지 못하는 오늘은
그대여, 우리들 겸허한 허리를 구부려
서로의 잔에 그리움을 붓자
서로의 잔이 넘치게 하자

너를 내 가슴에 품고 있으면
―― 편지 9

고요하여라
너를 내 가슴에 품고 있으면
무심히 지나는 출근버스 속에서도
추운 이들 곁에
따뜻한 차 한잔 끓는 것이 보이고
너를 내 가슴에 품고 있으면
여수 앞바다 오동도쯤에서
춘설 속의 적동백 두어 송이
툭 터지는 소리 들리고
너를 내 가슴에 품고 있으면
쓰라린 기억들
강물에 떠서 아득히 흘러가고

울렁거려라
너를 내 가슴에 품고 있으면
물구나무 서서 매달린 희망
맑디맑은 눈물로 솟아오르고
너를 내 가슴에 품고 있으면
그리운 어머니
수백수천의 어머니 달려와

곳곳에 잠복한 오월의 칼날
새털복숭이로 휘어지는 소리 들리고

눈물겨워라
너를 내 가슴에 품고 있으면
중국 산동성에서 돌아온 제비들
쓸쓸한 처마, 폐허의 처마 밑에
자유의 둥지
사랑의 둥지
부드러운 혁명의 둥지
하나둘 트는 것이 보이고

네가 그리우면 나는 울었다
──편지 10

길을 가다가 불현듯
가슴에 잉잉하게 차오르는 사람
네가 그리우면 나는 울었다
목을 길게 뽑고
두 눈을 깊게 뜨고
저 가슴 밑바닥에 고여 있는 저음으로
첼로를 켜며
비장한 밤의 첼로를 켜며
두 팔 가득 넘치는 외로움 너머로
네가 그리우면 나는 울었다

너를 향한 기다림이 불이 되는 날
나는 다시 바람으로 떠올라
그 불 다 사그라질 때까지
어두운 들과 산굽이 떠돌며
스스로 잠드는 법을 배우고
스스로 일어서는 법을 배우고
스스로 떠오르는 법을 익혔다

네가 태양으로 떠오르는 아침이면

나는 원목으로 언덕 위에 쓰러져
따스한 햇빛을 덮고 누웠고
달력 속에서 뚝, 뚝,
꽃잎 떨어지는 날이면
바람은 너의 숨결을 몰고 와
측백의 어린 가지를 키웠다
그만큼 어디선가 희망이 자라오르고
무심히 저무는 시간 속에서
누군가 내 이름을 호명하는 밤,
나는 너에게 가까이 가기 위하여
빗장 밖으로 사다리를 내렸다
수없는 나날이 셔터 속으로 사라졌다
내가 꿈의 현상소에 당도했을 때
오오 그러나 너는
그 어느 곳에서도 부재중이었다
달빛 아래서나 가로수 밑에서
불쑥불쑥 다가왔다가
이내 바람으로 흩어지는 너,
네가 그리우면 나는 울었다

내 슬픔 저러하다 이름했습니다
—— 편지 11

어제 나는 그에게 갔습니다
그제도 나는 그에게 갔습니다
그끄제도 나는 그에게 갔습니다
미움을 지워내고
희망을 지워내고
매일 밤 그의 문에 당도했습니다
아시는지요, 그러나
그의 문은 굳게 닫혀 있었습니다
완강한 거부의 몸짓이거나
무심한 무덤가의 잡풀 같은 열쇠 구멍 사이로
나는 그의 모습을 그리고 그리고
그리다 돌아서면 그뿐,
문 안에는 그가 잠들어 있고
문 밖에는 내가 오래 서 있으므로
말없는 어둠이 걸어나와
싸리꽃 울타리를 만들어주었습니다
어디선가 모든 길이 흩어지기 시작했고
나는 처음으로 하늘에게 술 한잔 권했습니다
하늘이 내게도 술 한잔 권했습니다
아시는지요, 그때

하늘에서 술비가 내렸습니다
술비 술술 내려 술강 이루니
아뿔사, 내 슬픔 저러하다 이름했습니다
아마 내일도 그에게 갈 것입니다
아마 모레도 그에게 갈 것입니다
열리지 않는 것은 문이 아니니
닫힌 문으로 나는 갈 것입니다

겨울 노래
―― 편지 12

툴툴 털어버릴 수만 있다면
내 핏줄과 사지 속에 비로소
집을 짓기 시작한 네 정체를
단번에 뿌리뽑아버릴 수만 있다면
나의 오늘에서 내일로, 급기야는
내일에서 모레로 무단 출입하기 시작한
이 건방진 광기를 와르르 쏟아버릴 수만 있다면
우리들 소박한 새날의 시작은
얼마나 편안하며 또 눈부시랴

눈물겹구나 우리 둘의 용기,
여수에 가보면 동동 오동도로 떠 있고
충무항으로 가면 다도해 섬으로 통통통 다가오고
마산으로 가면 토산 미더덕찜이 되어
내 창자 깊숙이 들어앉는 그대여
나보다 먼저 와 기다리는 그대여

여느 지붕마다 겨울은 깊어
북한산 능선마다 함박눈 소복하니
이제는 설산으로 마주앉는 그대여,

그렇구나
서울땅 덮고 남을 저 눈이
그대 여생 덮고 남을 내 그리움
그대 하늘 덮고 남을 내 상처라 해도
우리 둘의 용기로 떠받치는 세상
나는 이미 닻줄을 풀었구나

VI

부 음

할머니께서 운명하셨습니다

해남에서 경기도 들녘을 가르며
장거리 비보가 가슴에 꽂힌 날,
후들거리는 사지 위에서
인류와 손잡던 언약이 뚝 끊어지고
세상이 잠시 빙하기의 굉음 속에 가라앉았습니다
이승에서 저승 사이
아홉 굽이 눈물 나루 곤두박질치며
택시로, 고속으로, 다시 택시로
어머니 황천 뱃길 좇아 가는 길,
슬픔의 번갯불에 감전된 나무들이
뿌리를 하늘로 쳐들고 울었습니다
슬픔의 강물에 어리는 산천들이
제 그림자 흔들며 울었습니다
오 하늘과 땅의 붕괴를 삼키며
북천으로 북천으로 길을 트는 강물이여,
이승의 꽃두럭 등돌린 강물이여,
그 강물을 건너간 사람들
그리운 이름 부르며 아득히

저승 뱃사공 사라지고 있었습니다
어머니이…… 비명절규에도 아랑곳없이
백발을 나부끼는 저승 돛단배
서천 서역국으로 가고 있었습니다
되돌릴 수 없는 날을 향해 서 있는
우리 목숨 옷섶에
상형문자처럼,
황홀한 노을이 걸렸습니다

수의를 입히며

논두렁 밭두렁에 비지땀을 쏟으시고
씨앗 여물 때마다 혼을 불어넣으시어
구릿빛 가죽만 남으신 어머니,
바람개비처럼 가벼운 줄 알았더니
어머니 지신 짐이 이리 무겁다니요
날아갈 듯 누우신 오 척 단신에
이리 무거운 짐 벗어놓고 떠나시다니요
이 짐을 지고 버티신 세월
억장이 무너지고 넋장이 부서집니다
구멍이란 구멍에 목숨 들이대시고
바람이란 바람에 맨가슴 비비시어
팔남매 하늘을 떠받치신 어머니,
당신 칠십 평생 동안의 삶의 무게가
마지막 잡은 손에 전류처럼 흐릅니다
당신 칠십 평생 동안에 열린 산과 들의 숨소리가
마지막 포옹에 화인처럼 박힙니다
애야, 나는 이제 너의 담벼락이 아니다
나는 네가 머물 반석이 아니다
흘러라
내가 놓은 징검다리 밟고 가거라

뒤돌아보는 것은 길이 아니여
다만 단정하게 눈감으신 어머니
아흐,
우리 살아 생전 허물과 죄악을
당신 품속에 슬몃 밀어넣고
베옷 한 벌로 가리워드립니다
그래도 마다 않고 길 뜨시는
어머니……

하 관

지상에 매인 포승을 풀고
검은 침묵에 싸인 관을 내렸습니다
차디찬 단절과 오열을 젖히며
소낙비 한 줄기 관을 적셨습니다
세상 시름 씻어가는 보혈의 눈물이여
세상 번뇌 거둬가는 부활의 바람이여
애지중지 키우신 동백꽃 한 송이
마지막 하직길에 합장하니
사방에 흩어진 고별이 일어나
천 가람과 교신하던 문을 닫았습니다
가슴에 봉분 한 구 솟아버린 사람들이
태어난 젖줄에 종지부를 찍었습니다
오 하느님,
칼을 쳐서 밥을 만들고
창을 쳐서 떡을 만들던 손
그가 여기 잠들었나이다
우리가 주릴 때 먹을 것을 주고
우리가 목마를 때 마실 것을 주며
우리가 곤궁했을 때 기댈 등을 주던 몸
그가 여기 잠들었나이다

하늘문 열으소서
그의 영혼을 손잡으소서

비 문

순전한 흙에서 태어나

흙과 더불어 흙을 일구고

온전한 흙으로 돌아간 생애

임마누엘!

유채꽃밭을 지나며

어머니, 이제 더는 말이 없으신
어머니
당신의 시신을 뒷동산 솔밭에 묻고
제 가슴에도 비로소 둥긋한 봉분 한 구 솟아버린 채
서른아홉의 짐을 끌고 고향을 하직하던 날
소리나지 않게 울며
대문 밖에 서계시는 어머니와 손 흔들던 날
저산리 모퉁이를 돌아서던 제 시야에
오늘처럼
눈부시게 흔들리는 유채꽃밭을 보았습니다
백야리를 지나고 배드레재 지날 동안
저를 따라오던 유채꽃밭에는
호랑나비 노랑나비 훨훨 날아들어
이 세상의 적멸을 쓰러뜨리며
찬란한 화관을 들어올리고 있었습니다
어머니의 화관을 들어올리고 있었습니다
제발 가슴속의 봉분을 버려라
찾아오면 떠나갈 때가 있고
머물렀으면 일어설 때가 있나니
사람은 순서가 다를 뿐이다

유채꽃밭 속으로 걸어가던 어머니
그날처럼 오늘도
산천솔기마다 유채꽃 흐드러져
무겁고 막막한 슬픔을 쓰러뜨리며
이 세상의 적멸 끝으로
아름다운 하늘자락 흘러가고 있습니다
따스한 봄햇살 따라가고 있습니다

탈 상

구월입니다, 어머니
음력 보름달빛 낀
새벽 강물이 흘러갑니다
우수수
음력 보름달빛 낀
새벽 들판이 함께 굽이칩니다
음력 보름달빛 낀
보석 같은 눈물들을 쏟아놓고
한여름의 상처와 슬픔으로 얼룩진
검은 상복 고이 벗어
한줌 재로 강물에 띄워보내고 나면
적막한 산하 옥수수밭 흔들며
가을의 전령들이 당도하고 있습니다
아득한 저 벼랑 끝에서
신산한 바람이 불어오고 있습니다
오, 우리 가슴속에 아직
검은 그림자 드리워
저 바람 지나기엔 이른 시간일지라도
보시지요, 어머니 구월이 왔습니다
지금은 마음의 상복을 벗고

지친 형제자매들의 팔다리 부축하여
황금 들녘에 기립할 때입니다
풀벌레 울음 소리 자욱한 일터에서
겸허한 씨앗들을 쓸어안을 때입니다

집

 고향집 떠난 지 십수 년 흘러 어머니, 스무 번도 더 이삿짐을 꾸린 뒤 가상하게도 이 땅에 제 집이 마련되었습니다 경기도 안산에 마련한 이 집, 서른일곱의 나이에 가진 이 집, 열쇠를 가진 지 두 해가 넘도록 아직 변변한 집들이 한번 못 하고 동당거려온 이 집에 어머니, 오늘은 크낙한 고요와 청명이 찾아오고, 구석구석 청소를 끝낸 후 저 들판 마주하여 마음을 비워내니, 간절한 사람, 어머니가 이 집에 들어서는 꿈을 꿉니다 어머니가 이 집을 돌아보는 꿈을 꿉니다

 공부방 둘러보고 이부자리 만져보고 유리창 활짝 열어 햇빛 들여오시며 이제 네 걱정 안 해도 되겠구나…… 해거름녘 정물처럼 웃으시는 당신, 그 얼굴 그리워 몸서리칩니다 그 얼굴 보고 싶어 가슴 두근거립니다

 왜 그닥 말씀하지 않으셨어요 불현듯 상경하신 지난 가을, 애야, 이승길 마지막 나들이다 네가 사는 문지방 넘어보고 싶구나 왜 단호하게 말씀하지 않으셨어요, 바쁘다 매정하게 돌아서는 저에게 그냥 탈진한 사람처럼 손 흔들며 그래 내년 봄에 다시 오마 해놓고선 정작 꽃삼월엔 아주 가시다니요 이게 살아 있는 날들의 아둔함인가 싶어 하염없는 눈물만 못이 되어 박힙니다

〈해 설〉

갈망하는 자의 슬픔과 기쁨

성 민 엽

고정희의 여섯번째 시집은 그의 시세계에 일어나고 있는 새로운 변화의 모습을 보여준다. 『이 시대의 아벨』(1983)과 『눈물꽃』(1986)의 주조를 이루었던 자유롭고 활달하며 힘과 열정에 가득찬 시편들은 드물어졌고 짙은 서정성의 시편들이 현저히 많아지고 있는 것이다. 이 중심 이동을 두고 투쟁성의 약화로 진단하고자 하는 이도 있을 터이고 그 진단에 일리가 없는 것은 아니지만, 나는 그에 대해 조금 시각을 달리하고 싶다. 즉 고정희의 자유롭고 활달하며 힘과 열정에 가득찬 시편들이 강한 투쟁성을 직접적으로 표출하고 있는 것은 사실이지만 그것이 남성적 투쟁의 의도성에 지나치게 갇혀 있다는 점 또한 간과할 수 없다는 것이다. 그 지나치게 갇혀 있음은 시적 깊이의 형성을 제한한다.

근래의 고정희가 두드러지게 보여주는 것이 시적 깊이

의 형성이다. 그리고 그 시적 깊이의 형성은, 기독교적 세계 인식과 민중적 세계 인식 사이의 갈등을 고정희가 나름대로 극복해가는 움직임 속에서 가능해진 것으로 보인다. 나는 이 글에서 그 극복의 움직임과 깊이의 형성을 따라가보고 싶다.

고정희의 근래의 시에는 왜 그리 눈물이 많은지! 여섯 번째 시집의 서문에서 시인은 그 눈물 많음에 대해 이렇게 고백하고 있다.

> 흘릴 눈물이 있다는 것은 참 고마운 일이다. 시도 때도 없이 두 눈을 타고 내려와 내 완악한 마음을 다숩게 저미는 눈물, 세상에 남아 있는 것들과 세상 밖으로 사라지는 모습을 보게 하는 눈물, 언제부턴가 눈물은 내 시편들의 밥이 되어버렸고, 나는 그 눈물과 마주하여 지금 아득한 시간 앞에 서 있다.

천박한 센티멘틀리즘의 대중 문화가 강요하는 거짓 눈물에 질린 나머지 눈물이라는 말에 서둘러 혐오감을 표명해서는 안 된다. 그런가 하면, 인간의 삶의 의미를 투쟁성의 지향으로 규정짓고자 하는 의도에 충실한 나머지 눈물이라는 말에 간단히 패배주의라든지 소시민적 감상이라는 낙인을 찍어버려서도 안 된다. 고정희의 눈물은 갈망하는 자의 슬픔과 기쁨의 결정이다. 예컨대,

너에게로 가는 막배를 놓쳐버린 나는

> 푸른 풀밭,
> 마지막 낙조에 눈부시게 빛나는
> 너의 이름과 비구상의 시간 위에
> 쓰라린 마음 각을 떠 널다가
> 두 눈 가득 고이는 눈물
> 떠나가는 강물에 섞어 보냈다　　　　　——「강물」

에서의 눈물은 슬픔의 결정이며,

> 울렁거려라
> 너를 내 가슴에 품고 있으면
> 물구나무 서서 매달린 희망
> 맑디맑은 눈물로 솟아오르고
> 　　　　　　——「너를 내 가슴에 품고 있으면」

에서의 눈물은 기쁨의 결정이다. 위 인용들에서 시인의 갈망의 대상은 '너'로 지칭되고 있는데, 시집 전체를 통해 보자면 그것은 이상(理想)이다. 이상이라니? 구체적으로 살피면 다음과 같다.

그것은 우선 민주와 자유이며, 사랑과 정의, 자유와 평등 위에 이루어지는 공동체적 삶이다. 때로 그것은 고향으로 나타나기도 한다. 고향이란 곧 유년의 삶이며, 달리 말하면 억압 없는 삶이다. 그리고 무엇보다도 그것은 초월자와의 합일이다.

고정희의 시는 그 이상과 현실의 간극으로부터 비롯된다. 민주와 자유는 "침묵의 관 속으로" 들어갔거나 "저승의 궁전으로" 들어갔으며(「땅의 사람들 2」), "자유를 매장하는 피의 축제"만이 벌어지고 있다(「천둥벌거숭이 노래 7」). 고향은 멀리 떨어져 있고 그곳에 돌아가기 위해서는 "절망의 능선들을 넘어가야" 하는데(「지리산의 봄 4」) 그러나 실제에 있어 그 고향은 훼손된 상태로 존재할 것이다. 초월자인 '너―그'와의 만남은 이루어지지 않고 기껏해야 "하느님의 비명 소리"(「땅의 사람들 2」)만 들을 뿐이다. 이상에의 갈망이 크면 클수록 그 간극은 큰 고뇌를 불러일으킨다. 그 고뇌는 흔히 분노와 탄식이라는 상반되는 두 방향으로 표출된다. 분노로 표출될 때,

> 동서남북에서
>
> 하느님 우시는구나
>
> 허리 휘어지는 빚잔치
>
> 기둥뿌리 무너지는 꽃잔치
>
> 만조백성 허수아비 잔치에
>
> 입 없는 하느님 우시는구나
>
> 적막강산 줄줄 우시는구나   ――「천둥벌거숭이 노래 9」

같은 풍자·야유의 언어가 낳아지고, 탄식으로 표출될 때,

> 꿈에도 그리는 그대 살고 있는 땅

>   나는 예서 한발짝도 다가갈 수 없구나
>   ——「땅의 사람들 4」

같은 슬픔의 언어가 빚어진다. 슬픔의 결정으로서의 눈물이 출현하는 것은 이 대목에서이다. 그 눈물은 슬픔의 결정이면서 그 슬픔을 견딜 만하게 만들어주는 위안의 눈물이기도 하다. 고정희 자신이 서문에서 말하고 있는 눈물은 바로 그 눈물이다.

분노·탄식이 현실에 대한 적극적·소극적 부정의 자리에 있는 것이라면, 다른 한편에는 그것들에 대응하는, 이상과 관련한 마음의 움직임이 있다. 분노에 대응하는 것은 이상의 실현을 위한 헌신·희생에의 찬미이다. 「땅의 사람들 12」가 그 대표적 예이며,

>   잠시 능선에 발길을 멈추고
>   분홍숲길 이루는 꽃잎 쓰다듬자니
>   다시는 고향에 올 수 없는 사람들
>   한뎃잠 설치며 웃는 소리 들리고요
>   지 한몸 던져 불이 된 사람들
>   이산저산에서 봇물 되어 구릅니다   ——「지리산의 봄 3」

같은 경우도 좋은 예가 될 것이다. 탄식에 대응하는 것은 탄식하는 타인들과의 유대, 그들에의 연민(그것은 자기연민도 포함한다)이다. 예컨대,

>   모닥불이 어둠을 둥글게 자른 뒤

> 원으로 깍지낀 사람들의 등뒤에서
> 무수한 설화가
> 살아 남은 자의 슬픔으로 서걱거린다 ——「땅의 사람들 1」

같은 경우가 그러하다("살아 남은 자의 슬픔"이란 구절은 브레히트에게서 따온 것인가보다. 그 구절에 담겨 있는 것은 얼마나 깊은 슬픔인 것인지!)

그러나 고정희의 새로운 변화의 모습, 시적 깊이의 형성을 핵심적으로 보여주는 대목은 다른 곳에 있다. 당겨 말하면, 이상에의 갈망이 고통의 승화를 이뤄내는 대목이 그것이다. 기쁨의 결정으로서의 눈물이 출현하는 것도 이 대목에서이다. 좀 길지만, 「지리산의 봄 1」의 전문을 인용하고 그 깊이를 체험해보기로 하자.

> 남원에서 섬진강 허리를 지나며
> 갈대밭에 엎드린 남서풍 너머로
> 번뜩이며 일어서는 빛을 보았습니다
> 그 빛 한 자락이 따라와
> 나의 갈비뼈 사이에 흐르는
> 축축한 외로움을 들추고
> 산목련 한 송이 터뜨려놓습니다
> 온몸을 싸고도는 이 서늘한 향기,
> 뱀사골 산정에 푸르게 걸린 뒤
> 오월의 찬란한 햇빛이
> 슬픈 깃털을 일으켜세우며

신록 사이로 길게 내려와
그대에게 가는 길을 열어줍니다
아득한 능선에 서계시는 그대여
우르르우르르 우레 소리로 골짜기를 넘어가는 그대여
앞서가는 그대 따라 협곡을 오르면
삼십 년 벗지 못한 끈끈한 어둠이
거대한 여울에 파랗게 씻겨내리고
육천 매듭 풀려나간 모세혈관에서
철철 샘물이 흐르고
더웁게 달궈진 살과 뼈 사이
확 만개한 오랑캐꽃 웃음 소리
아름다운 그대 되어 산을 넘어갑니다
구름처럼 바람처럼
승천합니다

산문적 상황은 아주 단순하다. 시인은 지금 뱀사골의 한 능선을 오르고 있는 것이다. 햇빛이 길게 내려오며 그것이 남서풍 너머로 보인다는 걸 보면, 시간은 대체로 석양에 가까울 무렵이다. 그 상황에서 시인의 상상력은 역동적으로 움직인다. "번뜩이며 일어서는 빛"이라는 표현에서 저물어가는 햇빛의 비침에 대한 불현듯한 발견을 짐작할 수 있다. 저물어가는 햇빛——그렇다면 해도 내려가고 햇빛도 내리깔리는 것일 터인데, 그것을 "번뜩이며 일어서는" 것으로 보게 하는 것은 시인의 내면의 상승의 욕망이다. 그 상승의 욕망은,

1) 다만 둥그런 수평선 위에서
   일월성신 숨결 같은 빛으로 떠오르자——「땅의 사람들 6」

2) 지리산 반야봉에 달 떴다

   푸른 보름달 떴다

   〔………〕

   술잔 속에 따라붓는 그리움도 뜨고

   지나온 길에 누운 슬픔도 뜨고

   내 가슴속에 든

   망망대해 눈물도 뜨고

   체념한 사람들의 몸 속에 흐르는

   무서운 시장기도 뜨고

   창공에 오천만 혼불 떴다   ——「지리산의 봄 2」

같은 시행들을 낳는다.
 그 번뜩이며 일어선 햇빛이 시인의 몸 속에 스며든다. 합체인 것이다. 그 합체가,

   나의 두개골 사이에서 붉은 해가 솟아오르고
   가슴에 들여앉힌 밀림 사이로
   청산의 운무가 넘나들었습니다   ——「지리산의 봄 6」

같은 시구를 가능케 하는데, 그 합체는 시인의 몸(그렇다, 육체성이다) 속에 꽃을 피우고 그 꽃핌으로 인해 시인은 희열에 가득차 "온몸을 싸고도는 이 서늘한 향기"를 만끽한다. 이 꽃핌과 향기는 고정희가 합체를 꿈꿀 때 자연스럽게 상상되어지곤 한다.

  1) 너를 내 가슴에 품고 있으면
    여수 앞바다 오동도쯤에서
    춘설 속의 적동백 두어 송이
    툭 터지는 소리 들리고
                  ――「너를 내 가슴에 품고 있으면」

  2) 사람과 사람 사이에 벽이 허물어지고

    활짝활짝 문 열리던 밤의 모닥불 옆에서

    마음과 마음을 헤집고

    푸르게 범람하던 치자꽃 향기,
                  ――「천둥벌거숭이 노래 10」

같은 예가 그러하다. 향기란 무엇인가. 그것은 응축된 존재이면서 확산되어가는 것이기도 하고, 눈에 보이지 않지만 분명히 존재하는 것이기도 하다. 희열과 향기의 결합은 썩 어울린다. 누가 말했던가, 인간의 가장 원초적인 감각은 냄새라고.
  그 햇빛이 "그대에게 가는 길을 열어주"는 것은 그것

이 합체의 햇빛이기 때문이다. '그대'는 누구인가. 고정희의 시에 '그대'는 편재한다. 「편지」 연작의 다수의 시편들에는 연인의 모습으로 나타나고 있지만, 그 연인이란 일종의 은유일 것이다. 「지리산의 봄 1」에서의 '그대'는 초월자이거나 이상임이 명백하다(지리산 뱀사골에서 연상되는 역사성, 즉 "지 한몸 던져 불이 된 사람들"과 연관지어볼 수도 있겠다). 중요한 것은 그 '그대'를 따르는 일이 상승이라는 점("협곡을 오르면"), 그리고 그 상승의 과정은,

> 삼십 년 벗지 못한 끈끈한 어둠이
> 거대한 여울에 파랗게 씻겨내리고
> 육천 매듭 풀려나간 모세혈관에서
> 철철 샘물이 흐르고

에서 보듯 정화(淨化)의 과정이기도 하며, "더웁게 달궈진 살과 뼈 사이"에서 "오랑캐꽃"이 "확 만개"하도록 희열로 충만해 있다는 점이다. 그 희열로 충만한 상승―정화의 끝은 '나'와 '그대'의 일치이며 필경 '승천'이다.

「지리산의 봄 1」이 이루고 있는 것을 한마디로 표현하면 갈망하는 자의 넋의 고양이다. 갈망과 의지의 크기가 이뤄내는 넋의 고양인 것이다. 『이 시대의 아벨』에 실렸던 「로스트로포비치의 첼로」에서,

> 그 이후 나는 믿게 되었어

> 한 사람의 정신이 첼로가 되는 날
> 한 사람의 슬픔이 첫눈 같은 詩가 되는 날
> 우주는 새로이 탄생된다는 것을
> 나는 간절히 꿈꾸게 되었네

라고 진술되었던 바 그 "우주의 새로운 탄생"이 그 고양의 순간에 이루어지는 것이 아닌가. 이 고양을 현실 도피라는 문맥 속에 가두어서는 안 된다. 인간은 넋의 고양 상태의 지속 속에 머무를 수만은 없다. 「지리산의 봄 8」에서,

> 무심히 황혼 속을 내려가는 사람들
> 허기진 가슴과 무섭게 떠미는
> 오호라 지리산 너로구나 너로구나

라고 묘사되는 하산처럼, 고양의 순간 뒤에는 하강이 이어진다. 그러나 하강 후의 삶을 그 고양의 체험은 버티게 해준다.

> 그 한번의 그윽한 기쁨
>
> 단 한 번의 이윽한 진실이
>
> 내 일평생을 버티게 할지도 모릅니다
> ———「천둥벌거숭이 노래 10」

라고 시인은 말하고 있다. 그렇다. 버팀 속에서 탄식도

분노도 그리고 투쟁도 가능한 것이 아니겠는가. 아니, 그에 앞서 넋의 고양 자체가 이미 삶의 귀중한 한 부분인 것을!